Petit à Petit

MOTIFS IMPRIMÉS

Deri Robins
Illustrations de Jim Robins

Traduit de l'anglais
par Ghislaine Tamisier-Roux
Titre original : *Making prints*

Conception : Ben White
Illustrations : Jim Robins
Photographies : Rolf Cornell,
 SLC Photographic Services
Couverture : Terry Woodley

Pour la France :
© Éditions Fleurus, Paris, 1994
Dépôt légal : mars 1994
ISBN 2-215-01986-7

Pour le Canada :
© Les Editions Héritage Inc. 1994
ISBN 2-7625-7356-4

Imprimé à Hong Kong

SOMMAIRE

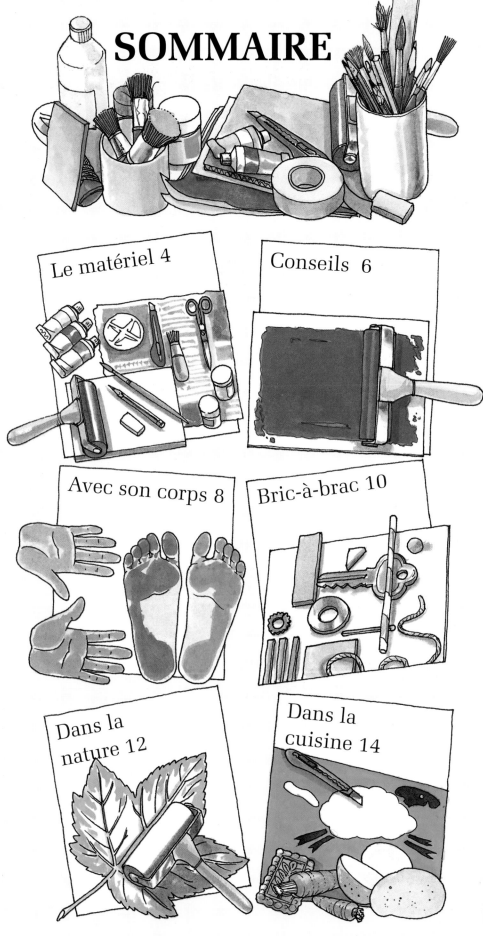

LE MATÉRIEL

Pour réaliser la plupart des motifs imprimés présentés dans ce livre, nous avons utilisé le bric-à-brac que l'on trouve dans toute maison. Assure-toi seulement que tu disposes par ailleurs d'un petit matériel de base : des pinceaux et des brosses, un rouleau encreur, de la peinture et une bonne réserve de papier.

Pour imprimer

Recherche tous les objets que tu pourras utiliser pour réaliser des impressions. N'importe quel objet ayant une forme ou une texture intéressante peut faire l'affaire. Mets tous ces trésors de côté, et garde précieusement tout ce qui pourra te servir un jour (ficelle, jouets cassés, morceaux de bois, bouchons, etc.).

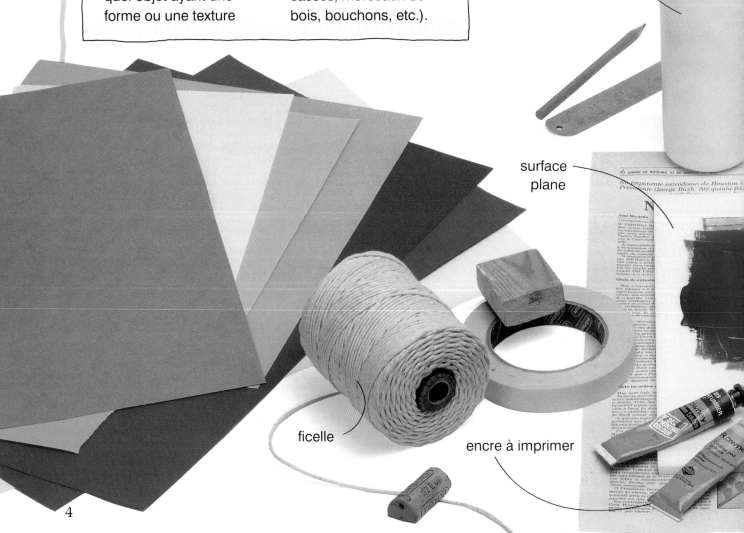

colle

surface plane

ficelle

encre à imprimer

4

Peinture

Tu peux utiliser n'importe quelle peinture épaisse (de la gouache par exemple). La plupart des impressions réalisées dans ce livre ont été obtenues avec de l'encre à imprimer, en vente dans les magasins de fournitures pour travaux manuels. Il vaut mieux acheter de l'encre à imprimer à l'eau, car c'est la plus facile à utiliser et à nettoyer. Pour les marbrures (page 32), il te faudra de la peinture à l'huile et du white spirit. Pour décorer du tissu ou de la céramique (pages 34-37), tu devras acheter de la peinture spéciale.

Matériel

Certains motifs imprimés présentés dans cet ouvrage nécessitent l'emploi d'un rouleau encreur et d'une grande surface plane (une plaque de Formica par exemple). Dans d'autres cas, tu auras seulement besoin de pinceaux, de brosses et d'une soucoupe pour mélanger la peinture. Il te faudra aussi de la colle, des ciseaux et un cutter (x-acto). Fais-toi une réserve de papier journal pour protéger ton espace de travail.

emporte-pièce

peinture pour tissu

cutter (x-acto)

peinture pour céramique

paillettes

rouleau encreur

CONSEILS

Ce livre va te familiariser avec plusieurs techniques très simples, de l'impression en relief à la marbrure en passant par le pochoir et le monotype. Avant de commencer, lis attentivement ces quelques conseils de base.

ATTENTION

Pour réaliser certaines des activités de cet ouvrage, tu devras te servir d'un cutter (x-acto). C'est un outil très tranchant, qui peut être dangereux si on ne l'utilise pas avec précaution. Ne l'utilise pas sans un adulte. Il pourra t'aider ou tout au moins surveiller les opérations.

Motifs imprimés

Si tu veux imprimer un motif régulier, le mieux est de commencer par tracer des lignes-guides sur le support que tu souhaites décorer. Trace-les au crayon, pour pouvoir les effacer lorsque la peinture sera bien sèche.

Pinceaux et brosses

On peut appliquer la peinture soit avec un pinceau, soit avec un rouleau encreur. À toi de voir ce que tu préfères. Un rouleau permet d'appliquer la peinture de façon régulière et rapide, mais il est souvent meilleur marché d'utiliser une brosse ou un pinceau.

Mélanger les genres

Superpose différentes formes et couleurs, comme sur le fond de cette page. Les feuilles et les fleurs ont été découpées dans du carton (voir page 16) et les carrés ont été réalisés avec un élément de jeu de construction. On peut ajouter la deuxième série de motifs lorsque la première couche est sèche, ou bien pendant qu'elle est encore humide. Les résultats sont différents. À toi de choisir.

Fais des essais avec divers types de papier : kraft, journal, essuie-tout. Tu peux aussi remplacer la peinture par de la colle que tu saupoudreras de paillettes avant qu'elle sèche.

Garde un échantillon de tes motifs les plus réussis et rassemble-les dans un cahier ou un classeur. Tu peux aussi réaliser un collage avec plusieurs morceaux de papier imprimé.

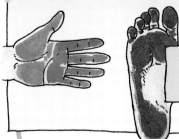

AVEC SON CORPS

C'est le moyen d'imprimer le plus facile et le plus rapide.
Pour réaliser une empreinte, on recouvre un objet d'encre ou de
peinture, puis on l'applique sur du papier. Les empreintes
les plus simples sont celles que l'on obtient avec ses doigts,
ses orteils, ou même ses lèvres !

1

Dans une soucoupe, dilue ta peinture dans un peu d'eau. Elle doit rester épaisse et collante.

2
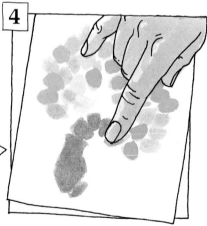

Enduis d'encre la partie charnue de tes doigts, puis appuie fortement sur le papier.

3
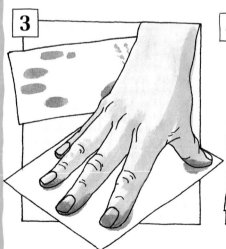

Tu peux réaliser ton empreinte digitale complète en répétant l'opération pour chaque doigt et pour tes deux mains.

4

Essaie de faire des dessins à partir d'empreintes de tes doigts. Joue sur toute la surface des doigts, en les faisant rouler sur le côté.

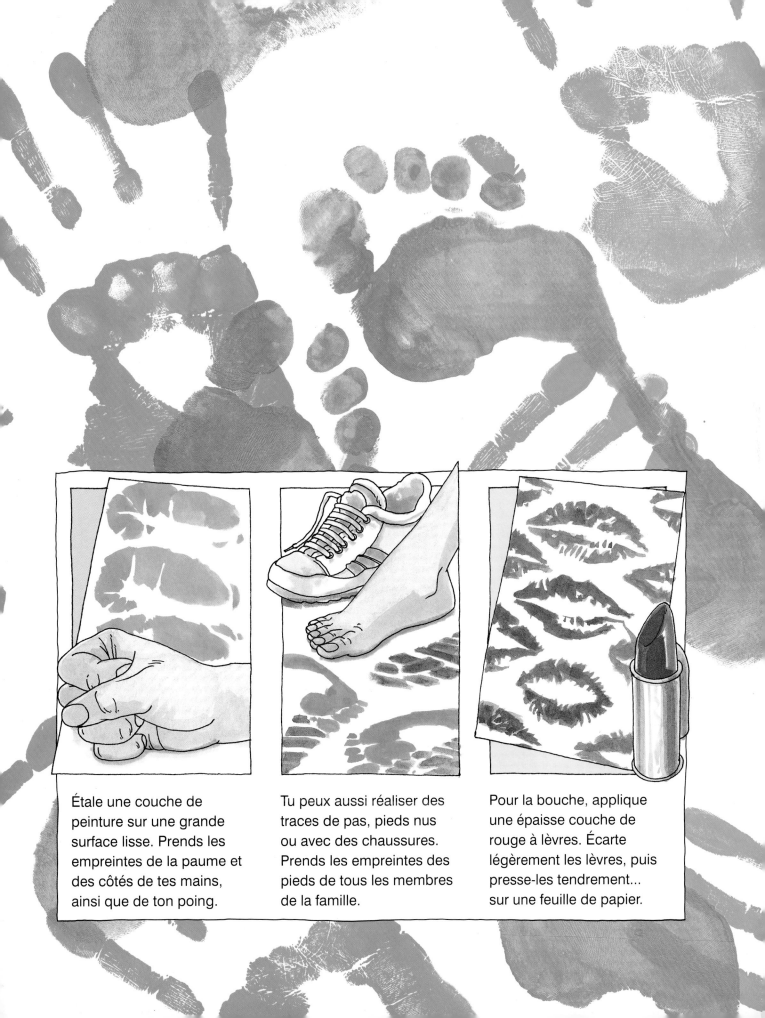

Étale une couche de peinture sur une grande surface lisse. Prends les empreintes de la paume et des côtés de tes mains, ainsi que de ton poing.

Tu peux aussi réaliser des traces de pas, pieds nus ou avec des chaussures. Prends les empreintes des pieds de tous les membres de la famille.

Pour la bouche, applique une épaisse couche de rouge à lèvres. Écarte légèrement les lèvres, puis presse-les tendrement... sur une feuille de papier.

BRIC-À-BRAC

Jouets cassés, bouts de ficelle, vieilles clés, morceaux de bois, tout - ou presque - peut donner un élément de base intéressant si tu le répètes assez longtemps. Deux méthodes possibles : prendre l'empreinte de l'objet, ou bien essayer d'en dessiner le contour par des projections de peinture, comme nous te l'expliquons ci-contre.

Ci-dessous : Ces motifs ont été réalisés avec les objets suivants : (de gauche à droite) un morceau d'emballage à bulles; des vieux jouets cassés; un élément de jeu de construction; un demi-bouchon.

Empreintes

Enduis de peinture un côté de l'objet que tu as sélectionné. Applique-le sur le papier, et répète l'opération de façon à obtenir un motif, régulier ou non.

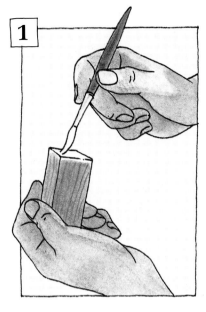

Projections de peinture

Pose les objets de ton choix sur une feuille de papier. Trempe une vieille brosse à dents dans de la peinture que tu projettes sur le papier en passant ton doigt sur la brosse. Déplace tous les objets d'un côté ou de l'autre, et répète l'opération.

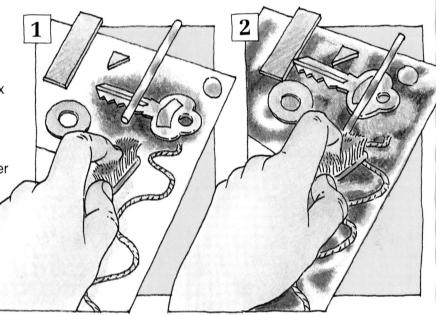

Impression-surprise

Trempe un bout de ficelle dans de la peinture. Place-le sur une feuille de papier, et recouvre le tout d'une seconde feuille. Appuie fermement sur l'ensemble en tirant sur la ficelle. Soulève la feuille de dessus pour découvrir le résultat de ton impression-surprise.

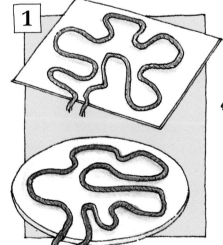

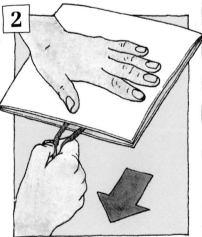

11

DANS LA NATURE

Lorsque tu es à court de trésors dans la maison, va voir si tu trouves quelque chose d'intéressant dans le jardin. Feuilles, brindilles, écorce et fougères donnent généralement de très jolis résultats. Regarde aussi si rien ne t'inspire dans la rue : tu peux par exemple réaliser un superbe frottage avec une plaque d'égout.

Les feuilles

Avec une brosse ou un rouleau encreur, étale une épaisse couche de peinture sur le dessous d'une feuille. Applique-la ensuite sur un papier en appuyant fermement.

Le bord de mer

Si tu examines la plage, tu trouveras des idées. Tu peux par exemple essayer de réaliser des empreintes avec du bois flottant, des algues séchées, et bien sûr des coquillages.

Frottages

Recouvre une plaque d'égout de papier, frotte avec un pastel : l'empreinte apparaît. Applique une fine couche de peinture. Que se passe-t-il?

Prends plusieurs feuilles
différentes pour réaliser
un motif régulier. Essaie
de superposer les feuilles
une fois que la peinture
est sèche.

DANS LA CUISINE

La pomme de terre fait un tampon idéal: tu peux la découper suivant différentes formes et réaliser ainsi une jolie frise comme celle que nous te proposons ci-dessous. Mais tu trouveras sûrement d'autres idées parmi les fruits, légumes, biscuits, pâtes...

Tirer parti de la texture

Coupe pommes, carottes, choux et oranges en deux, voire en plus petits morceaux. Trempe-les dans une soucoupe remplie de peinture épaisse, et applique-les sur une feuille de papier en appuyant fermement. Tu peux faire la même chose avec des pâtes et des biscuits.

Pomme de terre-tampon

Coupe une pomme de terre en deux. À l'aide d'un emporte-pièce, découpe une forme dans une moitié. Tu peux également créer tes propres formes et les découper dans la pomme de terre avec un couteau. Associe plusieurs modèles comme sur la frise ci-dessous.

TAMPONS EN CARTON

Garde tous les objets en carton. Rouleaux, boîtes et matériaux d'emballage te permettront de réaliser des tampons originaux. Prépare une peinture assez épaisse, et étale-la régulièrement sur une plaque. Applique les morceaux de carton sur la peinture et imprime tes motifs.

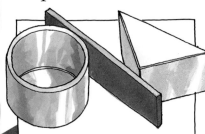

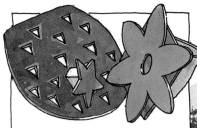

Les contours

Si tu veux imprimer un cercle, trempe un morceau de rouleau dans une peinture assez épaisse, ou bien applique la peinture au pinceau. Tu peux utiliser des bords droits pour imprimer des lignes, ou les courber.

Carton ondulé

Découpe des morceaux de carton ondulé pour imprimer des rayures. Tu peux fixer une bande de carton redoublée au dos du tampon (comme ci-dessus) pour le saisir plus facilement.

Carton souple

Dans du carton souple et épais, découpe étoiles, cercles, bandes, fleurs ou toute autre forme. Tu peux rendre tes tampons encore plus intéressants en évidant d'autres motifs dans la forme de départ.

Ci-dessous : Les tampons en carton sont parfaits pour réaliser un papier cadeau gai et original, ou même, à plus grande échelle, ton propre papier peint!

Pour les experts

Découpe dans du carton deux formes identiques de zèbre. Découpe les rayures, et colle-les sur l'une des deux formes de base. Enduis la forme simple de peinture épaisse et applique-la sur une feuille de papier pour relever son empreinte. Une fois ce motif sec, étale une couche de couleur plus foncée sur la partie en relief de la seconde forme en carton, pose-la sur la première empreinte en appuyant fermement.

17

LETTRES et CHIFFRES

Découpe des lettres et des chiffres de grande taille dans du carton. Tu vas pouvoir créer des affiches, mais aussi personnaliser ton papier à lettres. Si tu ne veux pas réaliser toute une planche d'impression, contente-toi de fabriquer les lettres ou les chiffres dont tu as besoin.

1

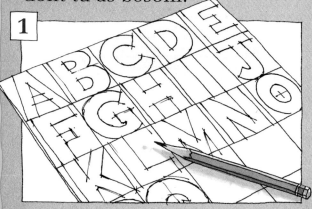

Divise une épaisse feuille de carton en rectangles identiques (de 2,5 x 2 cm environ), avec autant de cases que de lettres ou de chiffres à imprimer.

2

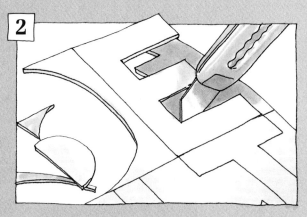

Dessine les lettres et les chiffres dans les différentes cases, en reproduisant des caractères d'imprimerie assez larges. Découpe-les au cutter (x-acto).

3

Découpe une seconde série de rectangles, de la même taille que les premiers. Colle les lettres et chiffres au centre de ces rectangles de carton, colle-les à l'envers ils s'imprimeront à l'endroit.

4

Enduis la partie en relief de peinture épaisse et applique-la sur une feuille de papier en appuyant fermement. Si tu imprimes tout un mot ou une phrase, trace d'abord des lignes pour te guider.

Un tampon à toi

Réalise un seul tampon qui te permettra d'imprimer ton nom ou tes initiales. Découpe les lettres dans du carton, comme indiqué précédemment. Pour évider les points, tu peux utiliser une perforatrice. Découpe une bande de carton de la même largeur que les lettres. Colle les lettres sur ce support, en plaçant la dernière en premier. Étale la peinture sur le tampon et applique-le.

TABLEAU IMPRIMÉ

Cette méthode te permettra de réaliser tes propres tableaux ou des cartes de vœux personnalisées. Tu devras fabriquer un tampon différent pour chacune des couleurs que tu vas employer.

1 Fais un dessin en trois couleurs. Découpe une feuille de papier-calque qui recouvre le dessin, et relève les contours avec un crayon gras.

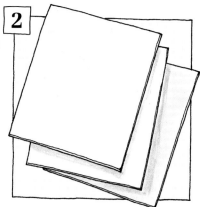

2 Découpe quatre morceaux de carton au format du papier-calque. Après l'avoir retourné, pose ce dernier sur l'un des cartons.

3 Reproduis le motif en frottant sur les traits avec un crayon, de façon à avoir sur le carton une copie du dessin. Découpe les divers éléments qui le composent.

4 Fixe le papier-calque sur un autre carton avec du ruban adhésif. Choisis une couleur et décalque tous les objets de cette teinte.

5 Colle les éléments de cette couleur à leur place sur le tracé dessiné sur le carton. Répète cette opération avec les deux autres couleurs.

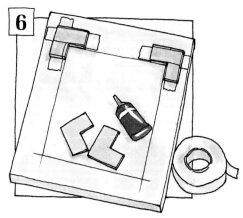

6 Fais un fond en reproduisant le contour de l'un des tampons sur une surface plane. Fixe des coins en carton.

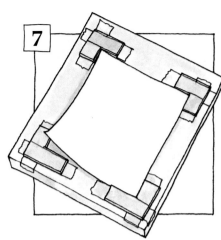

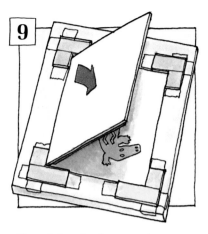

7 Découpe du papier uni au format des tampons. Positionne une feuille de papier sur le fond entre les coins en carton.

8 Dilue la peinture pour obtenir la consistance désirée, puis enduis-en l'un des tampons et imprime-le.

9 Procède ainsi avec chacune des différentes couleurs, en appliquant tour à tour les divers tampons sur la même feuille de papier.

TAMPONS ENCREURS

Tu peux réaliser des tampons encreurs solides et durables en collant différents objets sur du bois ou du carton épais. Pour que ton motif imprimé soit plus gai, utilise plusieurs tampons. Pour jouer sur la texture, prends de la ficelle, de la mousse, mais aussi des allumettes, des pièces de monnaie ou même des spaghettis!

Dessine une ébauche en couleur du motif que tu veux imprimer. Reproduis le contour sur du carton fin et découpe-le pour obtenir un gabarit.

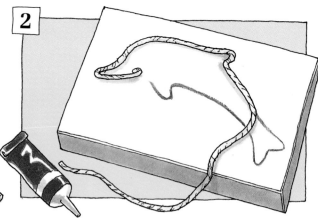

Retourne le gabarit et relève le contour sur un morceau de bois, ou un carton très épais. Colle de la ficelle le long de la silhouette obtenue.

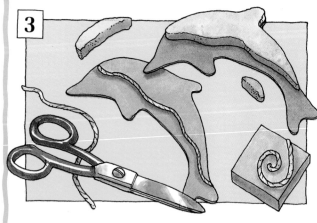

À l'aide du gabarit, découpe deux formes identiques dans du carton épais. Colle de la ficelle et de la mousse sur certaines parties de la surface, comme l'indique la figure ci-dessus.

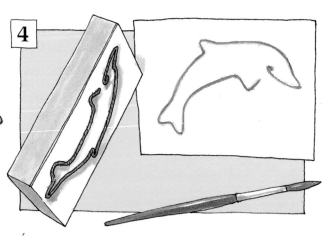

Étale de la peinture sur les tampons encreurs et réalise un certain nombre d'empreintes. Tu peux superposer les empreintes des deux tampons en carton pour faire varier la texture et les couleurs.

22

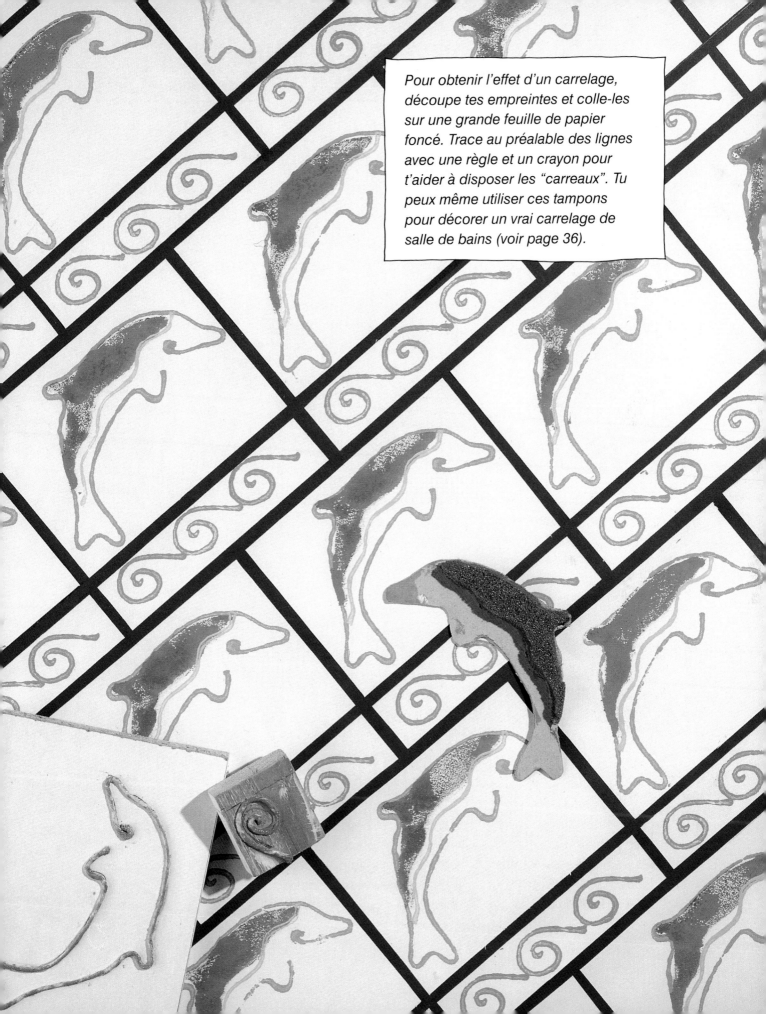

Pour obtenir l'effet d'un carrelage, découpe tes empreintes et colle-les sur une grande feuille de papier foncé. Trace au préalable des lignes avec une règle et un crayon pour t'aider à disposer les "carreaux". Tu peux même utiliser ces tampons pour décorer un vrai carrelage de salle de bains (voir page 36).

GRAVURES

Pour réussir une gravure, il faut conserver la peinture très épaisse et homogène, et réaliser l'ouvrage rapidement, avant que la peinture n'ait le temps de sécher. Tu peux par exemple "graver" des lignes droites ou ondulées avec des morceaux de carton, ou bien dessiner un motif avec le manche d'un pinceau.

1

Découpe des bandes de 10 cm de longueur environ dans du carton épais. Fais divers types d'entailles sur un côté.

2

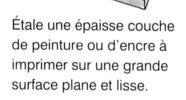

Étale une épaisse couche de peinture ou d'encre à imprimer sur une grande surface plane et lisse.

3

À l'aide des morceaux de carton, "grave" dans la peinture des lignes courtes ou longues, droites, courbes ou ondulées.

4

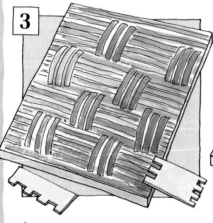

Applique une feuille de papier sur la plaque enduite de peinture, et appuie bien. Retire ensuite la feuille de papier pour voir le résultat.

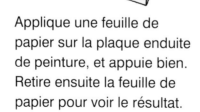

MONOTYPES

Chaque monotype est unique, il ne peut être reproduit. Comme pour les gravures, il faut relever l'empreinte tout de suite, avant que la peinture n'ait eu le temps de sécher.

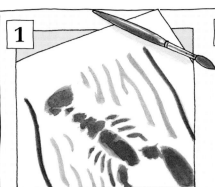

1

Peins un motif sur une plaque de Formica ou de linoléum, en utilisant de la peinture épaisse ou de l'encre à imprimer. Choisis de réaliser un dessin simple, et fais-le aussi vite que possible.

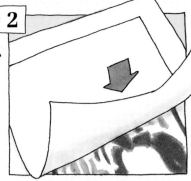

2

Pose une feuille de papier sur la peinture. Appuie uniformément sur toute la surface avec tes doigts, en veillant à ne pas "écraser" la peinture.

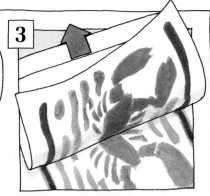

3

Décolle la feuille de papier pour voir l'empreinte. Tu pourras peut-être en prendre une deuxième, voire une troisième, mais chacune sera différente, plus pâle que la précédente.

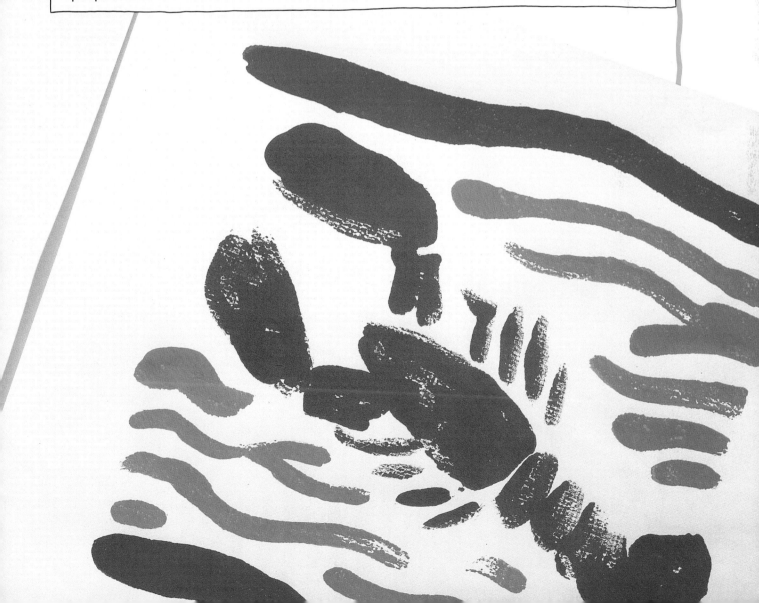

POCHOIRS

Toutes les empreintes présentées sur cette double page ont été réalisées avec du papier à pochoir, mais n'importe quel carton fin peut faire l'affaire. Demande à un adulte de t'aider à découper les formes avec un cutter (x-acto), et utilise une brosse à pochoir épaisse pour appliquer la peinture.

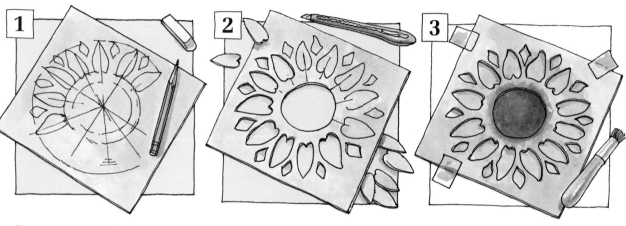

1 Dessine un motif sur le carton avec un crayon à papier. Choisis un dessin simple.

2 Avec un cutter (x-acto), découpe le motif dans le carton, en prévoyant des "ponts" entre les trous.

3 Fixe le pochoir à la feuille de papier avec du ruban adhésif, et tamponne les espaces évidés avec une brosse à pochoir.

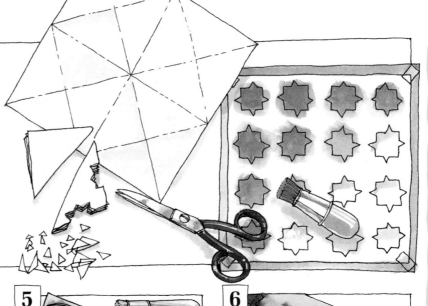

Pochoir-dentelle

Pour réaliser un pochoir-dentelle, plie un carré de papier en deux à plusieurs reprises. Découpe des motifs dans les bords de plusieurs épaisseurs, déplie le papier et écrase les plis pour les effacer.

4

Avant d'appliquer un deuxième pochoir, vérifie que la peinture du premier a séché.

5

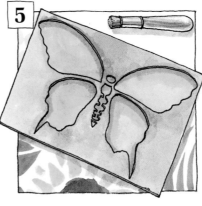

Le papillon se réalise en plusieurs étapes. Tout d'abord, utilise un premier pochoir pour tout l'animal.

6

Une fois la peinture jaune sèche, superpose deux autres pochoirs pour les motifs des ailes.

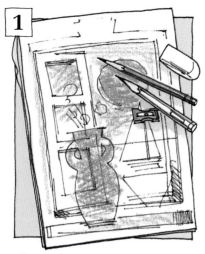

Caches

Avec des crayons de couleur, dessine un croquis sur une feuille de papier. Fais un dessin assez simple pour pouvoir le découper facilement.

Décalque ton dessin sur un carton et découpe les différentes formes avec un cutter (x-acto). Pose ton cadre sur une feuille de papier et reconstitue le dessin avec les formes, comme un puzzle.

Fixe le cadre avec du ruban adhésif. Procède ensuite couleur par couleur. Pour ce faire, retire toutes les formes que tu souhaites peindre d'une certaine teinte, et vaporise cette couleur sur les espaces dénudés. Lorsque la peinture a séché, remets ces formes-là en place et passe à la couleur suivante. Plusieurs couleurs peuvent être vaporisées sur certaines zones (c'est le cas de la mer sur notre tableau par exemple).

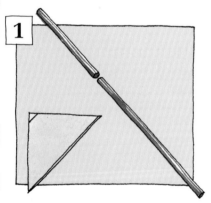

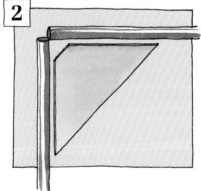

Fabriquer un atomiseur

Coupe une paille en plastique en deux, à un tiers de sa longueur. Découpe un triangle de carton dont tu supprimes le coin. Ce triangle va servir à maintenir les deux morceaux de paille à angle droit. Fixe le tout avec du ruban adhésif.

Remplis un petit pot de peinture diluée dans l'eau. Trempe le petit bout de paille dans la peinture. Tourne le coin évidé en direction du papier, et souffle doucement par l'autre extrémité de la paille.

Vaporiser de la peinture est une activité très salissante. N'oublie pas de protéger ton espace de travail avec du papier journal.

MARBRURES

Pour réaliser de superbes papiers marbrés, il te faut de la peinture à l'huile, du white spirit et une bassine peu profonde. Comme l'eau et l'huile ne se mélangent pas, la peinture à l'huile flotte à la surface de l'eau et se fixe à la feuille de papier.

1 Dilue la peinture à l'huile avec du white spirit jusqu'à ce que le mélange soit assez fluide pour couler du pinceau. Essaie de te limiter au départ à deux couleurs différentes seulement.

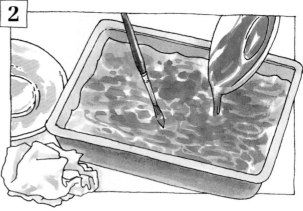

2 Avec un pinceau, fais tomber des gouttes de peinture sur l'eau, ou bien verse les couleurs directement, en inclinant la soucoupe. Agite doucement le mélange avec l'extrémité du pinceau.

3 Tiens une feuille de papier par deux coins opposés, et pose-la doucement à la surface du bain. Aplanis la surface pour éliminer les bulles d'air. La peinture à l'huile adhère alors au papier.

4 Décolle la feuille de papier et fais-la sécher. Rajoute de la peinture si tu veux renouveler l'opération. Tu peux essayer de mettre de la colle à papier peint avant de rajouter la peinture. Il est alors plus facile d'obtenir un motif de plume en agitant la peinture.

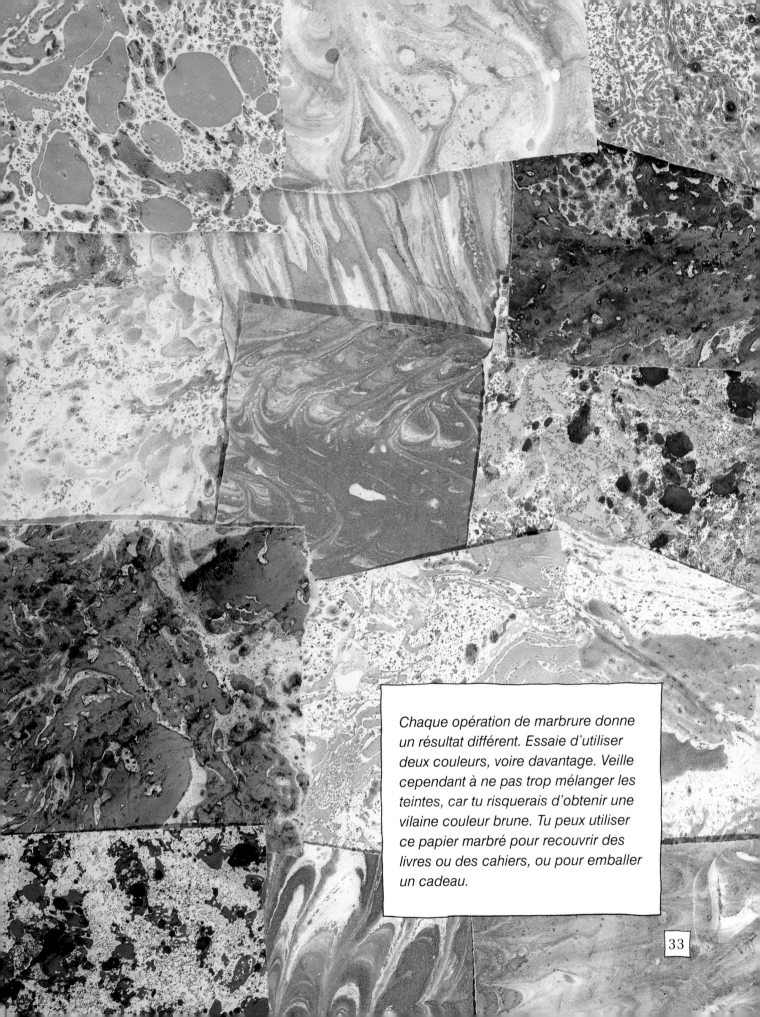

Chaque opération de marbrure donne un résultat différent. Essaie d'utiliser deux couleurs, voire davantage. Veille cependant à ne pas trop mélanger les teintes, car tu risquerais d'obtenir une vilaine couleur brune. Tu peux utiliser ce papier marbré pour recouvrir des livres ou des cahiers, ou pour emballer un cadeau.

IMPRIMER DU TISSU

Tu trouveras dans les magasins de fournitures pour travaux manuels de la peinture spéciale pour tissus. Elle est très facile à utiliser en particulier sur le coton. Personnalise tes tee-shirts, draps, taies d'oreiller, chaussettes ou tennis, et confectionne drapeaux et bannières avec des bouts de tissu.

1

2

3
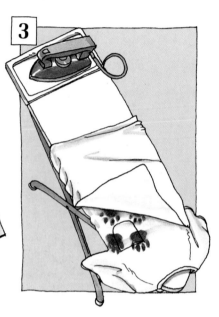

Lave et repasse toujours le tissu avant de commencer. Si tu imprimes un motif sur un tee-shirt ou une taie d'oreiller, pense à glisser une épaisse feuille de carton entre les deux épaisseurs.

Épingle le tissu sur un morceau de carton plat, en veillant à ce que la surface soit bien plane et lisse. Imprime ton motif comme d'habitude, avec une pomme de terre-tampon par exemple, comme sur la figure ci-dessus.

La plupart des peintures pour tissu doivent être fixées au fer à repasser. Vérifie sur l'étiquette, et, si c'est le cas, demande à un adulte de t'aider. Recouvre le motif imprimé avec un morceau de tissu propre et repasse par-dessus.

Ci-contre : La taie d'oreiller "La Lune" a été réalisée au pochoir, avec des caches découpés dans du carton (voir page 30). Nous avons appliqué la peinture avec une brosse à pochoir.

34

Ci-dessus : Pour décorer cette chemise, nous avons utilisé des feuilles (voir page 12). Les rideaux ont été réalisés avec un vieux drap que l'on a parsemé d'étoiles peintes au pochoir (p. 28).

Ci-contre: Sur ce tee-shirt blanc les traces d'animal ont été imprimées avec une pomme de terre.

LA CÉRAMIQUE

Transforme des tasses blanches en pièces de collection avec de la peinture pour céramique ! Tu peux acheter des peintures à l'eau, qu'il faut cuire au four, ou des peintures à l'huile, qui durcissent en séchant. Ces dernières sont moins résistantes, aussi réserve-les pour les objets décoratifs.

Pour les surfaces courbes, prévois un tampon souple. Pour décorer l'assiette, la tasse et le coquetier que tu vois sur la photo, nous avons par exemple utilisé un petit carré d'éponge collé sur un morceau de bois.

Le carrelage a été imprimé à l'aide de formes découpées dans du carton (voir page 16). Avec un simple petit carré de carton, tu peux réaliser un motif arlequin bicolore.

La poule et les poussins ont été imprimés au pochoir, tandis que le bord de l'assiette a été décoré avec une éponge. Le motif marin (voir ci-dessous) a été obtenu en superposant plusieurs caches découpés dans du carton.

La vaisselle blanche ci-dessous a été décorée avec de la peinture à l'huile. Si tu utilises ce type de peinture, tu auras besoin de white spirit pour nettoyer les pinceaux et effacer tes erreurs.

QUE DÉCORER ?

Maintenant que tu connais plusieurs méthodes d'impression, que vas-tu bien pouvoir décorer ? Voici quelques suggestions.

Le papier

Personnalise du papier à lettres et des enveloppes unis pour toi ou pour tes amis. Tu peux réaliser des cartes de vœux originales, et rendre agréable la corvée des lettres de remerciement. Tu peux aussi créer ton propre papier cadeau.

La chambre

Utilise tes nouveaux talents pour transformer ta chambre (avec l'autorisation de tes parents). Pour les meubles et le sol, passe plusieurs couches de vernis qui protégeront la peinture. Tu peux imprimer directement sur les murs, ou sur une frise en papier. Pense aussi à décorer portes, cadres, abat-jour et housses de couette.

Pour la fête

Tu peux imprimer des motifs décoratifs sur les nappes, serviettes, gobelets en papier et marque-place, en ayant soin d'utiliser une peinture ou une encre qui résiste à l'eau! Pour imprimer des motifs brillants sur des ballons, découpe des formes en mousse, trempe-les dans de la colle. Applique-les sur un ballon, et saupoudre de paillettes.

À droite : tous ces objets ont été décorés à partir des méthodes d'impression expliquées dans ce livre. Pour faire des impressions sur un meuble, utilise de l'émulsion ou de la peinture laquée.

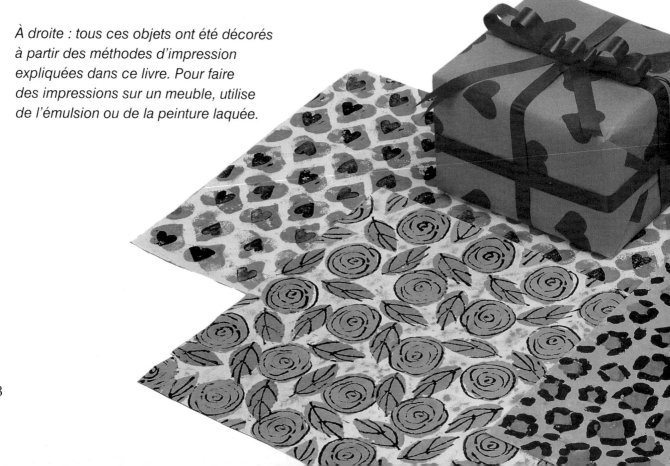

D'AUTRES IDÉES

Voici encore quelques idées que tu auras peut-être envie d'essayer...

Les gommes font d'excellents tampons. Dessine ton motif sur l'un des côtés de la gomme, et découpe soigneusement les contours avec un cutter (x-acto) ; voir pomme de terre-tampon, p. 15.

On peut réaliser rapidement un jeu de cartes ou de dominos avec des motifs imprimés. Tu peux aussi t'amuser à imprimer tes propres billets de banque!

Imprime ta propre série de timbres avec un tampon fabriqué avec une gomme à effacer. Fais les perforations sur la feuille imprimée avec une machine à coudre sans fil.

Les lettres et les chiffres aimantés qui décorent les réfrigérateurs te permettent aussi d'imprimer des motifs très nets.